Aljaba del asombro

MUSEO SALVAJE
Colección de poesía
Homenaje a Olga Orozco

Homage to Olga Orozco
Poetry Collection
WILD MUSEUM

José Alfredo Pérez Alencar

ALJABA DEL ASOMBRO

Nueva York Poetry Press LLC
128 Madison Avenue, Office 2RN
New York, NY 10016, USA
Telephone number: +1(929)354-7778
nuevayork.poetrypress@gmail.com
www.nuevayorkpoetrypress.com

Aljaba del asombro

© 2026 José Alfredo Pérez Alencar

ISBN-13: 978-1-966772-11-8

© *Poetry Collection*
Wild Museum vol. 81
(Homage to Olga Orozco)

© Publisher & Editor-in-Chief:
Marisa Russo

© Blurb:
Valentín Navarro Viguera

© Cover Designer:
William Velásquez Vásquez

© Cover & Interior Artist:
Miguel Elias

Pérez Alencar, José Alfredo
Aljaba del asombro, 1ª ed. New York: Nueva York Poetry Press, 2026, 110 pp. 5.25" x 8".

1. Bolivian Poetry.   2. Peruvian Poetry.   3. Spanish Poetry.

All rights reserved. No part of this publication may be reproduced, distributed, or transmitted in any form or by any means, including photocopying, recording, or other electronic or mechanical methods, without the prior written permission of the publisher, except in the case of brief quotations embodied in critical reviews and certain other non-commercial uses permitted by copyright law. For permissions contact the publisher at: nuevayork.poetrypress@gmail.com.

A Bibi.

NOTA DE AUTOR

Con éste, serán cuatro los libros albergando mi comedido acervo poético, cinco si "contabilizara" el dedicado a mi madre, pero ese homenaje merece la más alta de las consideraciones. Me permito establecer este primer agradecimiento, pues todavía, y pese a ser mi mayor musa, he rendido menos tributos de los merecidos a su excelsa y abnegada dedicación conmigo, a la *mujer de ojos extremos* (Alfredo Pérez Alencart) y *la sonrisa infinita, el abrazo originario* (Giovanna Benedetti).

Retomando el erario poético, los cuatro son compilaciones (de igual manera que realicé años atrás tanto con artículos jurídicos como con críticas de cine) y ello se debe a la preterida continuidad. También a la ausente presión de tener que elaborar libros orientados a la consecución de un premio o de producir un incesante flujo de textos. Estas compilaciones son un reconocimiento propio a la paciencia, a dejar que sea la Poesía quien elija escenarios y momentos, lo cual puede resultar frustrante cuando durante semanas o meses no se produce la inercia con el papel. A sensu contrario, mayor es la euforia cuando nace un poema que, cuando conmueve, se torna en legado.

Es cierto que, en ocasiones, esta singularidad de los poemas puede resultar una rémora en cuanto a su comprensión, ya que su motivación está desprovista de un contexto, de una estructura que los esclarezca. Son "sacrificios" asumidos de la misma forma que, y pese a la enorme relevancia atribuida a la oralidad en la Poesía, priorizar el mensaje frente a la belleza estética. La ironía, meditándolo bien, es que con esta fórmula (en ningún caso intencional) se establece una férrea propiedad intelectual sobre la verdadera esencia que entrañan estos versos. A tenor de lo referido en este párrafo, un poeta debería evitar las explicaciones sobre sus poemas concediendo pleno albedrío interpretativo al oyente o lector, mi máxima desviación de esta regla consiste en alguna referencia de la fecha o lugar en que se escribieron.

Me concedo la licencia de abordar una cuestión ineludible en referencia a la antes mentada continuidad, como son los efectos dimanantes de la fisionomía del orbe poético, ya que pueden ser bastante desalentadores. Y lo hago, apelando a la sintonía de quienes entienden el valor de la Poesía, a quienes guardan respeto por su entidad.

Durante mi infancia y adolescencia desconocí o no fui consciente de la magnitud de un éxodo basado en la ingente y laxa autoproclamación de "poetas", tampoco de la desmedida influencia que se otorga a los críticos literarios u otras personalidades (cuando emplean criterios sin rigor o con intenciones sinuosas) o de la relevancia que puede tener la pertenencia a un grupo. Entiéndase lo anterior a efectos estrictamente poéticos.

La connivencia hacia esta euforia colectiva de diletantes, devalúa la consideración a este feudo que, independientemente de mis consideraciones, siempre será esotérico. A nivel general, superar esta polución del ámbito poético se antoja utópica, pese a que la panacea más efectiva residiría principalmente en inculcar la siguiente pauta: lo importante es lo escrito por el autor, eso es lo único que debe evaluar el lector sin verse condicionado por factores externos. Escribí "residiría", porque soy consciente de que esta pauta es inservible para el común denominador, ya que cada vez es mayor el afán por lo asequible: algo sencillo, excesivamente diáfano y de lectura rápida.

En fin, utopías. Con el tiempo he conseguido comprender que el mejor método de protesta frente a tales vicisitudes radica en no formar parte de ninguno de los fenómenos los cuales adulteran el sentido que, desde la infancia, he apreciado en grandes exponentes de este Arte. Y, como cualquier Arte, precisa ser acompañado por el talento.

Evidentemente puede existir una progresión, fluctuaciones, un despertar más tardío de la manifestación poética, sin embargo y con ánimo de continuar revalidando la tan difuminada concepción de poeta, debe esgrimirse que no existen enseñanzas con las cuales crear este *locus amoenus*. Con ellas únicamente pueden lograrse composiciones artificiales, y quienes se lucran asegurando que toda persona puede ser poeta, también menoscaban la Poesía. De igual manera, el impacto de la inteligencia artificial, sólo puedo pensar en la vacua satisfacción personal de aquellos que la emplean para finalidades viciadas. Esto último me evoca perplejidad, tanto en Poesía como en Derecho pues, qué mérito puede existir en "fingir" un escrito, si luego se es incapaz de avalar, o incluso disfrutar, de una creación o conocimiento verdaderos.

Remarcada esa cuestión, culmino con unas breves alusiones. Nunca pude recuperar la pureza de la infancia en los versos, en cierta manera, tuve que renovarme en la escritura habida cuenta de las, tantas veces, incisivas vivencias. También debo afirmar que no todos mis escritos han merecido ser partícipes de la luz pública y, si no fui capaz de percibir esto debido a la falta de madurez o al inmanente ego del artista, permití la asesoría de quienes pretendían cuidarme. Tengo seguridad en el valor de mi Poesía, ocupando la posición de un gozoso neófito con el deseo de alcanzar en un futuro, a través y sólo por el resultado de mis escritos, la consideración de poeta genuino.

Como colofón, los más sinceros agradecimientos a la poeta, editora y gestora cultural Mar Russo directora de este espacio en alza donde convergen notables poetas, lo cual implica una mayor efusividad en mi agradecimiento, pues reiterando mi anterior señalamiento, soy consciente de mi posición.

Dedicado a mi compañera de vida, Bibi Mori, no sólo por nuestro proyecto común lo cual es inmanente, sino por la templanza que aporta su irradiada personalidad en la cotidianeidad, y sin la cual, hubiera sido complicado culminar este elenco de poemas.

Al poeta y ensayista, Valentín Navarro Viguera, por acceder a la ardua tarea de prologarme. Valga la gran amistad como justificación, el incesante hermanamiento desde que lo conocí en Salamanca, el año pasado, cuando iba a ser reconocido con el accésit del premio Pilar Fernández Labrador.

También quiero, más que agradecer, reconocer la inmensa labor de mis padres ejercida de manera incesante de cara al mundo y, sobre todo, en su amor por mí. Sólo puedo plasmar mi admiración por ellos.

Aljaba del asombro, José Alfredo Pérez Alencar

Con el abrazo armado de la palabra poética, el joven poeta José Alfredo Pérez Alencar (Salamanca, 1994) se dispone a asaltar, con el carcaj cargado de las flechas de la poesía, las murallas de la realidad, pues sabe que *para sitiar el asombro* hace falta el verso combativo y albergar un corazón dispuesto a la batalla. El camino elegido por el poeta no es fácil. La poesía es búsqueda de la verdad y hallazgo de la maravilla. *Aljaba del asombro*, como en Heine, es una sarta de poemas hilvanados entre sí, un rosario que se deshace entre los dedos del poeta. Es su credo personal, su fe irredenta en la justicia, es decir, en la virtud de los mejores. Porque a nuestro poeta se le nota su condición de jurista, pues justicia es lo que exhalan sus poemas o, al menos, ansias de justicia. También del lenguaje de la jurisprudencia se sirve, con su pose exquisita y su alambicado decir, además de tecnicismos que se cuelan en los intersticios del verso. Esta poesía se convierte en compromiso por el arduo camino del lenguaje, de la distorsión del lenguaje hasta hacerlo único, personal e intransferible, forzándolo hasta desencajarlo, mediante hipérbatos y un registro elevado que toma la distancia necesaria para que no tenga tufillo coloquial. La poesía de Pérez Alencar supone el enrarecimiento del lenguaje discursivo para anularlo, para convertirlo en nada y, por tanto, hacerlo desparecer de su poética. El lenguaje cotidiano muere para hacer resucitar un lenguaje otro, que se vale de una palabra hermética que halla en su cerrazón su modo de ser. Pero, como la crisálida, de esa oscuridad brotará la luz de la pasión. Del *pathos* latente en su poesía nace una moral insobornable, sin concesiones.

La poesía, para Heidegger, es la morada del ser. Dentro de él habita el poeta, custodio o pastor, a su vez, del ser mismo. También José Alfredo nació en la casa del ser, en el hogar de la poesía, pues ser hijo de un poeta como Alfredo Pérez Alencart permite encender, desde su infancia, el fuego de la palabra y, a su cobijo, calentar la existencia. Desde niño, nuestro poeta ha convivido con poetas de todas las alturas. La poesía es su morada, el pan nuestro de cada día, el vino que alegra de la soledad y la consagración de la fiesta diaria que es el vivir. Puede decirse que ha vivido y vive *en* la poesía y que él, poeta precoz, ha alimentado siempre esa llama.

Escribir por encima de la cotidianeidad, sin ceder un milímetro al lector, crea la tensión lírica propia de una experiencia íntima, como el refulgir del ser ante un escenario impregnado del manoseo ordinario de la mayoría. Su expresión lo acerca a lo puro innombrado, a un territorio inexplorado por todos, exceptos por él. La memoria es aquí una poderosísima propiedad privada que permite el viaje a la intimidad, a la infancia, a la blancura inmaculada de lo no profanado por la palabra espuria, a los orígenes de su ser y a la conciencia de su peso sobre la tierra.

Es José Alfredo un poeta de voz inconfundible, cuyo eco mayor es Rimbaud. Y su voz es épica, la batalla de un solo héroe que viaja contra viento y marea, la del deshacedor de entuertos, el desvelador de encantamientos. La voz grave y altisonante de José Alfredo resuena en la voz del pueblo, en la palabra oral que alienta e incita, como arenga, verso a verso, golpe a golpe, remontándose así al origen de nuestra madre literatura, la del común de los mortales que, en el solaz, cantaban y contaban dichas y desdichas, «dando voz a la humanidad». La poética de Rimbaud subyace en su inconsciente y aflora en esa forma de ver el mundo, desde la libertad y la ausencia de tergiversación. En el corazón de su verso late la misma intención de crítica social. Parte de lo inmediato y de lo cotidiano para buscar la imagen sorprendente. También la desobediencia y la escisión del grupo, el caso omiso del discurso común y de las habladurías lo acercan al infante terrible de fin de siglo.

Aljaba del asombro es un canto al tiempo. En el barroquismo consciente de su poesía, el lector será conmovido por la meditación sobre la ferocidad del tiempo, en perfecta consonancia con la larga alegoría bélica que rezuman sus versos. El poeta utrerano Rodrigo Caro, en su famosa elegía a las ruinas de Itálica, lamentaba los despojos que quedaban de un lugar que, en otros tiempos, fue luz y esplendor del imperio. Como en el poemario del mestizo hispano-peruano —leitmotiv presente en estas páginas— José Alfredo, el citado poeta barroco cantaba la vanidad del mundo y la melancolía por su desmoronamiento. Del mismo modo, el también barroco sevillano Fernández de Andrada cierra su «Epístola moral a Fabio» con la que podría decirse que es la intención última de nuestro poemario: cantar y escribir una oda a la vida «antes que el tiempo muera en nuestros brazos».

La poesía de *Aljaba del asombro* se sustenta en la metamorfosis del presente en un paraíso perdido, un tiempo sin tiempo donde la memoria habita la dicha y en el que el tiempo inexpugnable levanta sus murallas de ausencias: la amada madre, la reconstrucción de la familia en la amistad (véase «Venusia», dedicado a su querido amigo traductor y poeta Vito Davoli) y la sombra fresca del padre que acoge y alivia de los asfixiantes moldes que la sociedad y el tiempo imponen.

Siente el poeta una armonía cósmica en la que el girar de las esferas entra en comunión en su interior. Hay una concentración de los siglos en la palabra pronunciada, que acude al poeta como un don heredado, como un rico legado que lo constituye. La inmensidad de un espacio y un tiempo que vuela desde épocas remotas para posarse en el desenmascaramiento de lo percibido a través de una mirada escrutadora. Porque si algo es característico de nuestro poeta es ese saber mirar que da acceso a la realidad desnuda. La voz poética es voz denunciadora, propia del inconformista y del que tiene deseos y esperanzas. Como poeta de la inmensidad, anhela los límites del mundo entorno. Sueña con las cumbres más altas y con las tierras fecundas del amor. Consciente de que la vida es el aquí y el ahora del instante, agradece cuanto la existencia le regala. Porque la vida es percibida y revelada desde el asombro. El poeta camina por las amplias llanuras del misterio y de la incomprensión, pues la poesía es aquí un carcaj o aljaba donde guarda sus versos. Por tanto, la poesía tiene la función de ser un arma arrojadiza que permita horadar, mediante la imaginación, las sombras de la realidad: la poesía es escudo y defensa que el poeta entrega a los más débiles, el hombro que se arrima a otro hombro, como el hombre a otro hombre…, y luchan por construir sus alas con aladas palabras de victoria. Ahora bien, las más de las veces, el poeta nos muestra el camino, nos insinúa que hay un viaje posible y que debemos ser nosotros, los lectores, los que aceptemos el sinuoso itinerario hacia el conocimiento que su poesía ofrece. Si lo aceptamos, hemos de saber que los peligros acechan:

¿por qué las espinas cotidianas
no viajan con la belleza?

La travesía emocional tiene su correspondiente viaje biográfico. La función descriptiva de paisajes y ciudades visitadas a lo largo de los últimos años pintan una vida itinerante, rica en experiencias y fecunda en emociones. La historia del lugar, cargada de símbolos y de los lenguajes inefables con los que se pronuncia el tiempo, atraviesa al sujeto poético, que se empapa de la piedra rojiza de Córdoba o del verde fulgor de la selva peruana. El símbolo es la unión de los distante, la unidad de lo múltiple, la armonía de la diversidad, ese susurro con el que el silencio del mundo parece hablarle al poeta.

Nos va a hablar el poeta de unas imposiciones que gravitan sobre la vida humana, que la injusticia, el poder y la carcoma de los siglos han impuesto sobre la existencia. El poder ejerce el control del pastor sobre el rebaño y obliga a la trashumancia, a la diáspora y al exilio. La crítica a falsos dioses, la denuncia de las infamias, la protesta contra las máscaras del poder envuelven esta poética de un hálito platónico por su búsqueda de la verdad y de la pureza en la luz: los presos de la caverna comulgan con la vorágine, con la confusión de la masa gris, anodina, que, a día de hoy, sigue rumiando «pan y circo». En este platonismo, la realidad parece ser lo que no es y lo que es, permanece oculto, dentro de la caprichosa piel del mundo. Así, por analogía, los recuerdos, la memoria, la oda y la elegía, son cantos que ensalzan la idolatría de su yo más íntimo y demoniza las «efímeras luminarias» de lo mundano. Es un canto a lo trascendentales humanos, una alabanza a la cotidianeidad que encuentra en la intimidad su razón de ser. La paz de la memoria, que consuela de la vida, es aliento en el trasiego de los días, un rumor de calma que solo rompe el silencio para que hable la verdad que el poeta revela.

También pondrá su lente el poeta en la religión superficial, en aquellos faltos de fe auténtica, en los que deambulan entretenidos y alejados de querer aprender, de recogerse y ensimismarse en silencio y soledad para cuestionarse los trascendentales de la existencia. Hoy, nos dirá el poeta, somos víctimas de una «idolatrada abstracción». Ya no tenemos donde mirarnos, ya que los modelos de antaño, hogaño son ídolos de barro, pobres estatuas alzadas sobre los mismos pedestales de oro y de poder con que se levantan los imperios. Mediante un lenguaje religioso, escribe poemas como «Las nuevas cunas del infante», cuyos versos son como relámpagos que iluminarán la orfandad de un dios irredento que se afana en grabar en el niño que fue la ausencia que siempre será. Somos memoria y dentro son muchos los muertos que alentamos con nuestro recuerdo.

En esta poesía, los seres humanos somos «dos niños de nadie», la sensación de desamparo que gravita sobre nuestra existencia, agarrados al señuelo de las supercherías, así como a la obediencia ciega a marcos religiosos o sociales que imponen su letanía huera y la oquedad de su discurso. El hombre, exiliado en este páramo denudo, representa su papel de la mejor manera posible, como si las estrellas no hablaran de que somos materia, insignificante materia disuelta como polvo de estrellas. Esta *nadificación* de dogmas y doctrinas hablan de la humildad del que es rico en compañía sincera.

La amistad es otro pilar fundamental en la ética del poeta, evidente en las dedicatorias de sus poemas. Por ejemplo, puede verse en la écfrasis de las pinturas de Miguel Elías, en esos «purpúricos lienzos» del pintor de los poetas, donde la pintura es poesía muda y redención de la realidad por lo sublime de la belleza. También la poesía de José Alfredo es vocación de lo sublime: *ut pictura poiesis*.

El poeta crea un paisaje emocional que cubre los límites de su biografía. Allí donde habita su cuerpo, late su poesía. Y, paradójicamente, una poesía que puede ser tildada de barroquismo por su afectación en las maneras, se presenta, sin embargo, como sincera por ser un ejercicio consciente de lucidez, de no ceder ante la facilidad receptiva. El hermetismo de esta poesía consiste en la elevación del tono por encima del lenguaje estándar. Esta poesía es artificio, en tanto que objeto elaborado de un poeta que ha crecido en el uso del lenguaje poético y ha elegido el camino de la plusvalía lingüística, una senda en la que el cuello simbolista se yergue enhiesto como el ideal de la bandera francesa ondeada en el cuadro de Delacroix.

Cada poeta sueña un mundo y José Alfredo Pérez Alencar sueña con un mundo mejor, sin pompas ni afeites, con la voz sincera del que hace valer su travesía.

Cada conversación en tierra de nadie,
ahora es un homenaje
sublimado por las grandes emociones:
Siempre seremos lágrimas en tormentas,
por el crisol de renuncias.

VALENTÍN NAVARRO VIGUERA, Ph.D.

Actos constituidos

El trigo del desierto

El amado mestizaje
engulle hasta la enjundia
y, al caer del paladar sus frutos,
anhelo las parábolas resquebrajadas.

La página errante perpetrando atavíos
es una Biblia derretida en mis manos,
un vociferante tigre portador de cielos,

es el suspiro de la carne
relegado a mi mente
el que hilvana téseras
con aforismos envejecidos.

El lacrimal absentismo
no vela proles ni telúricas deidades
pues todo saber quiebra
en los gélidos veranos de Schulpforta.

Tiempo para el perdón
y los círculos del inframundo,
tiempo para el hedonismo
y vaticinios de un réquiem adolescente

con valientes chantres en las abisales,
tutelando la azarosa clemencia de algún dios
con los saberes de la paupérrima estrada.
¡Ironías!, nunca clamé salvación terrenal,
que sus perjurios cavilen entre estaciones:
quedarán como alegorías.

Ahora, tan apasionado es mi conocimiento,
que permanece incluso en la inédita concavidad
de los austeros días.

Luminarias del génesis

A quienes están inmortalizados en el selvático mausoleo.
Puerto Maldonado, Madre Dios, Perú, 2024.

Entre los mausoleos
sonríe la egolatría verde
que se extiende a los antojos.

Son Luminarias del génesis
en este mar de fatalidades
donde la Ley del Talión
se torna vida.

Al mostrarse con holgura la lucidez,
sus ahora desvalidos brazos
rinden la raigambre,
y ante la cumbre de verdes enrojecidos
este coro de ánimas
desmayándose

es un Crisol tan vivo
allende las menciones
de vuestras elegías,

pues la penumbra que, despierta,
deja marchar al viajero del alba

os ruega profetizar
si los arriates serán apologías
o si la sinuosa e inefable
letra de la prosapia
es una ternura lamentable.

Motín de las alburas

Al poeta español Carlos Aganzo.

En la mañana
la ciudad ya cantó sus pertenencias.

Iniciado el motín de las alburas,
refulgido y proclive perfume,
las fantasiosas bocas

de pórticos populares
contemplan, en estos farallones,
algunos obituarios:
su sempiterno invierno.

La traviesa nebulosa del mero observador,
las paredes legando sombras perfiladas
decoran la cultura ciudadana,
que brinda el bullicio de la sangre
con el acompasado contraste
de los indulgentes estamentos,

reduciendo esta vorágine
a una partitura pergeñada
en la ardiente descripción
del amor en varias lenguas.

NOSTRADAMUS

A los poetas cubanos Pío E. Serrano y Gastón Baquero.

Años después regresé
al recordado como feudo esotérico,
la isla onírica donde me visitaba
el gigante nubio.

Estaba poblado de advenedizos
y reducido al vulgar lenguaje
de las musas contemporáneas.

Un legado arde en el mundo
porque mundanal es su consideración.
Y aquella melodía circunspecta,
aquella de la compartida luciérnaga
latente desde el Génesis,
ahora es raída por la traición
a la palabra esencial.

No hubo predicciones;
la condición humana ya fue escrita:
el verbo es un réquiem
que nadie quiere escuchar.

Presagios del Sararenda

Al poeta boliviano Gabriel Chávez Casazola.
Camiri, Santa Cruz, Bolivia en 2022.

Para el observador: irredenta cima
besando el oro humano.

Descendiendo sus ávidos recuerdos,
los presagios del Sararenda
retratan las volubles esferas
que colman el mundo.

Quizás sean otro pretencioso oráculo
señalando las cunas de toda oración.

Quizás hablen con la ilusoria prosperidad,
que algún designio en todos labra,
albergando la sempiterna devoción
a los rostros de la moral.

Recitando en las mejillas
del Tambopata

A mi compañera de vida, Bibi Mori Bardales.

Bajo la consecuente altura de mis cimas,
resguardo las humildes vivencias del día
junto a la conmovedora esfera
que lega su alabastro al porvenir.

Estas dádivas de hálitos vespertinos,
en ocasiones olvidados
por la irresistible tristeza
con que se maquillan los bienaventurados,

se posan, venideras en la mente,
como trigo del desierto,
como auge elegido para no morir en los mapas
que en nuestra piel descansan,
expresándose incompletos.

Un rito de la serenidad,
patria última de las inexorables apologías.

Nuestro deseo
que cavilará por los templos lluviosos,
será la más telúrica imprecación.

Descrita perpetuidad,
espejismo rutilante
que las vísperas culminan.
Los monasterios caobas
que ante mi infancia se expanden,
donde siempre hallarás
escenarios vírgenes,
te los reservo a ti.

Siglos enjaulados

A mi familia asturiana.

Sobre el tronar esmeralda,
voces calladas emigran.

Desde las profundidades
clama el herido adiós
y la inesperada bienvenida.

Descienden paisajes inalcanzables
y el creador está en la lluvia,
mientras océanos de niebla
traen consigo los esotéricos retratos
de quienes arribaron
en los trabajos del oro y el caucho.

Esas herencias me devuelven la mirada
a través de siglos enjaulados
en una bóveda de idilios.

Nos quitamos
las máscaras,
arden las épocas,

y el furor de las identidades
pernocta en la lengua de las generaciones
que hallan comunión
en la mesa de los descubrimientos.

Te tocaré, Asturias

Sin importar el incorregible defecto
de la grandeza onírica:

Te tocaré, Asturias.

Pues ya tus cumbres
me regalaron la probidad de los instantes.

Te tocaré, sin alterar tus palpitaciones,
donde reside la querencia a la prosapia
todavía incomprendida.

Te tocaré, con cada sentencia de vetustos labios
hendida en las patrias del imaginario,
donde el legado alabastro se posará en mis ojos,
refulgiendo los diálogos entre piedra y tacto
para revelar historias cotidianas.

Así como estos ríos juegan con su significado,
me desbocaré en sus laderas,
Asturias, desde la espontánea lejanía,
arribaré en los lazos perdidos
de gentes atemporales.

Te tocaré, Asturias,
en la brillante soledad de esas urbes ajenas,
cuando mi alma sumergida en tus callejones
exhale refugios como si fueran paraísos.
Solo las musas sabrán
los misterios que rasgan el corazón
cuando no se desea la noche
al arrastrar el tronar de los sepelios.

Asturias del ahora, eres enigma y bienvenida,
apremiante ventura retumbando
en aquel barco de ilusiones.

Te tocaré, Asturias.

Causas y precedentes

ALJABA DEL ASOMBRO

En la cuna de Séneca,
todas las calles se precipitan
sobre una flor de Damasco,
donde santos enjaulados
conservan el ineludible legado.

La península de ocho siglos,
lustrando su dorado barroquismo,
culminando el trémulo sincretismo
del gozado mestizaje,
recitando en la aljaba del asombro
a dioses de múltiples columnas,
anunciando la menguante Grecia
o la coronación de un Cristo
bajo el auge de la diáspora.

La prístina búsqueda del albedrío
aferrándose a esta danza arquitectónica,
son los estigmas y el profeta que,
opacándose en la lengua de las Sibilas,
enrojecen los aceros con el credo ajeno.

El credo, de la colosal oración
preguntando al enjambre,
habitante en sus muros,
sobre el verdadero cielo,
sobre los nombres sepultados,
sobre aquella veleidosa Tierra Santa
descrita virtud en el arte implacable
soliviantando las puertas del Guadalquivir.

ÁGUILAS NEGRAS

Al poeta español José María Muñoz Quirós.

Águilas negras se elevan,
alumbrando miles de vacuas basílicas.

Una voz cíclica las hace partícipes.

Es el credo
convirtiendo a la historia en un fiel pasaje.
Es la desidia social
paseando por las calles,
sembrando a cada peón de esta hueste
como una legión de estigmas que,
avivados por su exilio, nutren al adalid,
aquel momentáneo obrero de la persuasión.

Así practica la trashumancia con ellos,
al formular efímeros cadalsos,
mostrando el poderío
de repentinas sentencias
para exhibir en el lugar elegido
sus mordaces banderas,

elegantes y barrocas enseñas
del ávido olvido.

Se alzan las voces aledañas
cuando el fantasma sin rostro,
ladino discurso, ley de la estepa,
se ensaña con sus gargantas,
y la roca desnuda que abrasa en sus pechos
por instantes de furor,
no rebasa los límites de biografías
ni ese velo entre los semejantes.

El teñir de campanas ciegas
en las fauces de la ecuménica razón,
siempre será su esporádica zarza.

En los años, las mentes y mensajes,
perpetuada la estirpe
de aquel fantasma sin rostro:
tan solo quedarán las águilas negras.

Amén a la vorágine

La caverna que habla
con las postrimerías
será la sima inquietante,

la densidad de estos días
recibiendo el epítome,
clandestino fogonazo,
de la fervorosa virtud.

Celebradas en presente,
las injustas deidades
se han lucrado
bajo las imperiosas fragilidades

y se niegan a prosternarse,

reniegan de la oquedad cavernaria
acérrimas y condenadas,
ante la deseada pólvora humana.

Este sol, que muere y orilla
en su invasiva orla,
es el amén a la vorágine.

Cada retorno

Cada retorno participa
de las más confusas estaciones.

Escondidos tras sus clarividencias,
los antagónicos núcleos de esta urbe,
parecen tentar, con diversos ánimos,
a intelectos anacrónicos
cuya depurada técnica
es fruición del ensoñado orbe.

Sus puentes, que aún hoy
cargan los caballos blancos,
reunidos bajo la indeleble espadaña,
son un tenor que,
cautivado por tal estímulo cosmopolita,
desfigura los alquitranes.

El vehemente lucro de
las calles desnudas,
borda esta trémula fantasía
cuyo fruto,

ese inquisitivo despertar de
todos los residentes
entre madores urbanos,
de las efigies antológicas caligrafía:
la pactada connivencia,
cadencia de humanismos
perpetuamente cernidos
sobre las monumentales espuelas.

Coliseo

Roma, qué profundo belicismo
habrá provocado la divina carcajada
de grabar en piedra tus postrimerías.

Sólo tus oradores entienden la panacea
de elevar tan colosal templo a la igualdad,
disuadiendo al verdadero dios de las épocas:
el ánimo popular.

Alienados con juglares de arena,
tal vez olvide sus auténticos deseos
y sea devoto al eco de la sangre.

Mas será la sangre derramada por uno,
cuando la cruz eclipse al león
arrojándote de tu soberbia montura,
cuando las vociferantes trinidades
perfumen tus callejones y los siglos.

En ti, Roma, hacedora de la cristiandad
emergerán aciagos devotos

liberados por el carisma
del convenido credo.

Cristalizados hoy los epónimos:
también tenemos pan y circo.

Contundencia y barbarie

Este veleidoso arte que,
dando voz a la humanidad,
escribe sobre los estigmas
de los dañados.

Siempre presa del tiempo,
aclimata los ambiciosos lapsos
acólitos de la vetusta compañera.

Se abstraen, aunque
la moral está más viva que nunca
sorprendiendo, casi con lástima,
a la pleitesía entre Eros y Thanatos.

Trazando en los cismas
el insomne pasado,
contundencia y barbarie,
profana religión
regodeada en la indiferencia.

Es el viento cobrizo desprendido
por los desgastados estandartes,

paroxismo de esta idolatrada abstracción
desde la verdad capciosa
recibida en los hogares,
a la más hierática cumbre:
donde el eterno señuelo
se llevó los espejos.

DIOSES Y PERROS

A mi querido tío Salomón Pérez Alencart

En la Ciudad de los Reyes, tras la luna,
las visiones surcan boatos
y espíritus arropados
      por la incertidumbre canina.

Tan asumidas estridencias urbanas,
      sin candor,
convierten La Victoria diaria en
amordazadas muestras,
forjan suaves diatribas que aplauden
      la tortuosa pirámide
tras la luna del imponente roce
entre inacabadas lomas
      y claudicantes rascacielos.

Haciendo cabal la veneración
      del tuerto ágora,
custodia los rieles de mesas anónimas
donde se gesta la venial lealtad

que refleja en la Ciudad de los Reyes
diversas glorias coronando
    en los imaginarios
su grisácea definición:
inevitable devenir para Dioses y Perros
que declinan presentaciones.

POR ESO TE DIGO, AMOR...

A Bibi.

En el ojalá de la totalidad:
una imagen
de realidades propensas,
terreno henchido
atravesando una temerosa fantasía.

Por eso te digo, amor,
que el sempiterno idilio
es una cadena vibrante
albergando la caída,

amando los lagos de la humanidad
en el valor de tus términos,
ecos del adicto
desvelándose en tu ropa.

Se regodea
la pertinencia de los días
remendando mi mendicidad,
esta partitura frágil

del amor en varias lenguas,
la exposición a ese ardiente
y glamuroso esparcir del perfume
en las fantasiosas bocas.

Por eso te digo, amor…

Testimonios y restituciones

La capitulación en tus lindes

A Bibi.

Nuestros fueros internos,
tan enigmáticos testigos,
han sido elocuentes pífanos.

Creyendo escuchar en todo vacío
la exótica inercia,
una aliviada esperanza
propuesta por estos magnos instrumentos,
que han respirado
        nuestros inmarcesibles bustos
para obsequiarnos, a través de la rotunda
        y veleidosa máxima
de la contumaz víspera,
con hálitos vertebrados.

Todo culmina en los fastos,
donde triunfa mi deseada veneración,
donde la sinfonía ruega:
Capitular en tus lindes.

LAS NUEVAS CUNAS DEL INFANTE

Otorgados los sucesos,
sentado, escucha pasajes predestinados
portando el ensoñado raciocinio
celestial, la débil cura
para un sosiego inverosímil.

Juegan con el alma fértil
y el infante sin generaciones,
que vela la inercia del tiempo,
palidece con las verdades telúricas,

respondiendo al escéptico
con hierática condescendencia.
Ha bordado el dolor
en sus sentimientos,

un mensaje traducido en duelo que,
arrimado al féretro,
rebela la melancolía asonante,

y las nuevas cunas del infante,
sus sueños mencionando
la fútil conjura aledaña

o al dios que sentencia su devenir,
su cruz en la tierra,
palideciendo en miradas y divinidades
cuestiona la pérdida al creador,
pues no habrá cielo,
ni redención albergando
espasmos de madera y abrazos finitos,
clamores que decorarán
con su estirpe
los días de ausencia.

Las rosas

Nunca dejarán aproximarse las rosas,
en sus trémulos cielos,
al hermoso talle de numerosas caídas.

Qué egolatría describe tan suaves
creaciones
decorando la mecida devoción
a esa compartida dualidad,

al orgulloso perfume
de opulencias lacrimales que,
en su banalizada melodía, cuestiona:
¿por qué las espinas cotidianas
no viajan con la belleza?

Y entre inercias, sus voluptuosas fantasías
especulan con el orgulloso estigma
que surca la piel.

Hadas verdes

Hadas verdes,
su canción limítrofe
es un armario evanescente.

Tras tantas épocas siguen arteras
rebelándose en inopinados parajes,
siendo forzosas juezas de compulsiones
que nos ciegan ante trémulos pasadizos.

Nos advierten que, en la originalidad,
sólo resta lo confesional,
el irremediable diálogo con la gravedad
restaurando las máximas de antaño
hasta tornarlas belleza en soportes.

Sin imágenes indolentes,
las hadas verdes
son la elocuente quiromancia
que ante los frentes vitales nos cautiva.

¿Cómo pensar, entonces,
en los abundantes seísmos del porvenir?

¿Cómo renegar de estos sofismas
realzando limbos de prófugos ingenios?

¡Estamos mejor en manos de su asteísmo!
Colmando profundas tentaciones
con cuerdas vocales de tinta.
Pero es inevitable la custodia,
la convicción cíclica de lo ordinario,
propiciando el fenecer de esta épica
tras tales compulsiones,

dando cabida a la antinomia
al ponderarse el alma salvaje
por ellas creada
con sus escoriaciones.

Y acaso en la respuesta del orbe
matizando los hitos
      de esta alucinada plenitud,
¿no se hallan asentadas las
Selectivas probidades
cuyo culmen es el comunal recelo?

Las hadas verdes nunca abogan ante las
innumerables recreaciones de los sentidos
merecida evocación para injuriar
las propias elecciones:

desangelada ágora el de estos idilios alados,
donde el conflicto interno juega a ser
nigromante
de tan banales cupidos
redoblando el profético derredor
para el deseo de concebir a la Poesía
como laureles y catarsis.

EL ESTIGMA DEL PRIMER LLANTO

En los niños de nadie
el estigma del primer llanto
recibe los prospectivos propósitos que
algún creador
plasmó en sus ceñidas infancias.

Son los designios
que corresponderán a su hogar
por la dádiva inmisericorde
de la opulencia ajena.

En sus efemérides, sólo reciben treguas,
el exhausto descanso
para retornar a la trafaga.

Trocando las escasas monedas del jornal
en su incesante y desventurado faro,
hallan órdagos
para la vida más allá de las ventanas,
porque los niños de nadie,
imágenes del frívolo destierro humanitario,
desconocen la afonía

a la hora de exaltar consuelos divinos
o disimular el impuesto adjetivo social,
promesas que no aseguran
su presencia en el mañana.
La sociedad conculca su deber con ellos
mientras a diario, estos infantes
dan nombre a calles borrosas
maquilladas con cruel petulancia.

Los niños de nadie se cobijan
      en ancianas mentes
y semblantes pulidos
      por el magín de los días.

Así es el impasible paladar de las carencias,
proporcionando la sátira cotidiana,
arengando resentimientos o resiliencias
al vestirlos como huérfanos de instancias
      divinas y humanas.

¿Acaso el telúrico juicio remendará sus almas?

¿Acaso todo acabará en el equilibrio final?

LOS QUIJOTES MUDOS

A mi amada madre y al pintor Miguel Elías.

Entre purpúricos lienzos
se redime la escatología,
fervor vaticinado en las etapas,
descrita como nexo voraz.

Una Alianza entre confines
manteniendo a Dios en los márgenes,
dibuja delicadezas póstumas,
alienando un meteórico paisaje
labrada profecía de los años.

Cómo revivirán los enseres
al no hallar tu luz este preeminente museo.
Cómo se estremecerá la intimidad
al no invocarte mis sueños.

Sé que soy real, cuando aflora en mis mejillas,
el más interno de los fueros
bajo el trazo
de los Quijotes mudos.

VENUSIA

Al poeta, traductor y amigo Vito Davoli.

Propagado vértigo de la pantalla:
son historias negadas a la otra Toscana.

Estas sublimes catacumbas,
desvelando el fervor meridional,
son una irrefrenable catarsis
ante las pasiones que edifican Roma.

La escasez del Adriático en la mirada
halla imaginarias laderas,
venerando los rebeldes espejismos
latentes y vivaces
muestras de mutismo
que certifican la amistad
abrazando las odas de Horacio.

Una elegía

In memoriam de un gran amigo, David Alonso.

La amistad, hasta la extenuante
probidad del gesto,
portando las recíprocas hagiografías,
endebles y feroces,
hoy se tornan invaluables,
muescas del unigénito destino.

Qué reconfortante felonía
en los meses atravesados
por la síntesis presente.

Es la cianea del obituario triunfal,
las diáfanas parcas,
olvido y cariño musitado,
jugueteando con los ilustres pensamientos
porque una causalidad exigida
te reclama del olvido,

y rememora la resiliencia
ante los colosos que vaticinan
abluciones en nuestro despertar,

al sentir en la palidez noctámbula,
apenas saciada,
el latente hedonismo
del excesivo boato.
Es la enseña del entusiasmo invidente,
irradiando la evasión del aprendiz,
por la estampa creada.

Así sobreviene la idolatría,
sembrada marcha
ensalzando las lisonjas de nuestra memoria
al ser las muecas mundanas
efímeras luminarias.

Luciendo el sonrojado fuero interno,
tu origen desnudo es una elegía,
el cetro consumado albergando nuestro sino,
por la evasión de júbilo latente
cuantificando la resignación de los muros.

Cada conversación, en tierra de nadie,
ahora es un homenaje
sublimado por las grandes emociones:
Siempre seremos lágrimas en tormentas,
por el crisol de renuncias.

Acerca del autor

José Alfredo Pérez Alencar (Salamanca, España, 1994) es poeta, licenciado en Derecho por la Universidad de Salamanca y crítico de cine.

En poesía ha publicado *Tambores en el Abismo / Tambores no Abismo* (Labirinto, Fafe, Portugal, 2022), en edición bilingüe con traducción de Leocádia Regalo, y *Distinto y Junto* (Universidad Nacional de Honduras, 2023). En su infancia, la imprenta Kadmos editó una carpeta de poemas titulada *El barco de las ilusiones* (2002), ilustrada con diecisiete acuarelas del pintor Miguel Elías. Posteriormente publicó el cuaderno *Madre* (Trilce, Salamanca, 2021), del que dos poemas fueron traducidos a doce idiomas.

Sus poemas han sido incluidos en diversas antologías y encuentros poéticos de España e Iberoamérica, entre ellos: *Los poetas y Dios* (Diputación Provincial de León, 2007); *Por ocho centurias* (XXI Encuentro de Poetas Iberoamericanos en Salamanca, EDIFSA, 2018); *Palavras pela Paz* (Edição A Chama, 2019); *Regreso a Salamanca* (XXIII Encuentro de Poetas Iberoamericanos en Salamanca, EDIFSA, 2020); *Treciembre, coro de voces* (Vitrubio, 2021); *El ciego que ve* (XXIV Encuentro de Poetas Iberoamericanos en Salamanca, EDIFSA, 2021); *De aquende y allende* (XXVI Encuentro de Poetas Iberoamericanos, EDIFSA, 2023); *Si te labra prisión mi fantasía* (I Encuentro de Poetas Iberoamericanos en Ciudad de México, Konesh, 2023); *Il buio della ragione*

(Tabula Fati, 2024), *Cantos mestizos* (Editorial Oxeda, 2024); *Para sitiar el asombro* (XXVII Encuentro de Poetas Iberoamericanos, EDIFSA, 2024), y *O corpo do coração* (Labirinto, Portugal, 2024), además de revistas literarias de España e Iberoamérica.

En el ámbito del ensayo y la crítica ha publicado *Pasiones cinéfilas* (Trilce, Salamanca, 2020) e *Iuris Tantum* (Betania, Madrid, 2020). Sus críticas de cine aparecen en las revistas literarias *Crear* (Salamanca) y *Tiberíades*, mientras que sus artículos de contenido jurídico y social se publican en su blog *Iuris Tantum*, alojado en el periódico digital *Salamanca al Día*.

ÍNDICE

Aljaba del asombro

Nota del autor · 13
Prólogo · 19

Actos constituidos

El trigo del desierto · 31
Luminarias del génesis · 33
Motín de las alburas · 35
Nostradamus · 37
Presagios del Sararenda · 38
Recitando en las mejillas del Tambopata · 39
Siglos enjaulados · 41
Te tocaré, Asturias · 43

Causas y precedentes

Aljaba del asombro · 49
Águilas negras · 51
Amén a la vorágine · 53
Cada retorno · 55
Coliseo · 57
Contundencia y barbarie · 59
Dioses y perros · 61
Por eso te digo, amor… · 63

Testimonios y restituciones

La capitulación en tus lindes · 69
Las nuevas cunas del infante · 70
Las rosas · 73
Hadas verdes · 74
El estigma del primer llanto · 77
Los Quijotes mudos · 79
Venusia · 80
Una elegía · 81

Acerca del autor · 87

WILD MUSEUM
MUSEO SALVAJE
Latin American Poetry Collection
Homage to Olga Orozco (Argentina)

1
La imperfección del deseo
Adrián Cadavid (Colombia)

2
La sal de la locura / Le Sel de la folie
Fredy Yezzed (Colombia)

3
El idioma de los parques / The Language of the Parks
Marisa Russo (Argentina / EE.UU.)

4
Los días de Ellwood
Manuel Adrián López (Cuba / EE.UU.)

5
Los dictados del mar
William Velásquez Vásquez (Costa Rica)

6
Paisaje nihilista
Susan Campos Fonseca (Costa Rica)

7
La doncella sin manos
Magdalena Camargo Lemieszek (Panamá)

8
Disidencia
Katherine Medina Rondón (Perú)

9
Danza de cuatro brazos
Silvia Siller (México / EE.UU.)

10
Carta de las mujeres de este país
Letter from the Women of this Country
Fredy Yezzed (Colombia)

11
El año de la necesidad
Juan Carlos Olivas (Costa Rica)

12
El país de las palabras rotas / The Land of Broken Words
Juan Esteban Londoño (Colombia)

13
Versos vagabundos
Milton Fernández (Uruguay)

14
Cerrar una ciudad
Santiago Grijalva (Ecuador)

15
El rumor de las cosas
Linda Morales Caballero (Perú / EE.UU.)

16
La canción que me salva / The Song that Saves Me
Sergio Geese (Argentina)

17
El nombre del alba
Juan Suárez (Ecuador)

18
Tarde en Manhattan
Karla Coreas (El Salvador)

19
Un cuerpo negro / A Black Body
Lubi Prates (Brasil)

20
Sin lengua y otras imposibilidades dramáticas
Ely Rosa Zamora (Venezuela / EE.UU.)

21
El diario inédito del filósofo vienés Ludwig Wittgenstein
Le Journal Inédit Du Philosophe Viennois Ludwig Wittgenstein
Fredy Yezzed (Colombia)

22
El rastro de la grulla / The Crane's Trail
Monthia Sancho (Costa Rica)

23
Un árbol cruza la ciudad / A Tree Crossing The City
Miguel Ángel Zapata (Perú / EE.UU.)

24
Las semillas del Muntú
Ashanti Dinah (Colombia / EE.UU.)

25
Paracaidistas de Checoslovaquia
Eduardo Bechara Navratilova (Colombia)

26
Este permanecer en la tierra
Angélica Hoyos Guzmán (Colombia)

27
Tocadiscos
William Velásquez (Costa Rica)

28
De cómo las aves pronuncian su dalia frente al cardo /
How the Birds Pronounce Their Dahlia Facing the Thistle
Francisco Trejo (México)

29
El escondite de los plagios / The Hideaway of Plagiarism
Luis Alberto Ambroggio (Argentina / EE.UU.)

30
Quiero morir en la belleza de un lirio /
I Want to Die of the Beauty of a Lily
Francisco de Asís Fernández (Nicaragua)

31
La muerte tiene los días contados
Mario Meléndez (Chile)

32
Sueño del insomnio / Dream of Insomnia
Isaac Goldemberg (Perú / EE.UU.)

33
La tempestad / The tempest
Francisco de Asís Fernández (Nicaragua)

34
Fiebre
Amarú Vanegas (Venezuela)

35
63 poemas de amor a mi Simonetta Vespucci
63 Love Poems to My Simonetta Vespucci
Francisco de Asís Fernández (Nicaragua)

36
Es polvo, es sombra, es nada
Mía Gallegos (Costa Rica)

37
Luminiscencia
Sebastián Miranda Brenes (Costa Rica)

38
Un animal el viento
William Velásquez (Costa Rica)

39
Historias del cielo / Heaven Stories
María Rosa Lojo (Argentina)

40
Pájaro mudo
Gustavo Arroyo (Costa Rica)

41
Conversación con Dylan Thomas
Waldo Leyva (Cuba)

42
Ciudad Gótica
Sean Salas (Costa Rica)

43
Salvo la sombra
Sofía Castillón (Argentina)

44
Prometeo encadenado / Prometheus Bound
Miguel Falquez Certain (Colombia / EE.UU.)

45
Fosario
Carlos Villalobos (Costa Rica)

46
Theresia
Odeth Osorio Orduña (México)

47
El cielo de la granja de sueños / Heaven's Garden of Dreams
Francisco de Asís Fernández (Nicaragua)

48
hombre de américa / man of the americas
Gustavo Gac-Artigas (Chile / EE.UU.)

49
Reino de palabras / Kingdom of Words
Gloria Gabuardi (Nicaragua)

50
Almas que buscan cuerpo
María Palitachi (República Dominicana / EE.UU.)

51
Argolis
Roger Santivañez (Perú / EE.UU.)

52
Como la muerte de una vela
Hector Geager (EE.UU. / República Dominicana)

53
El canto de los pájaros / Birdsong
Francisco de Asís Fernández (Nicaragua)

54
El jardinero efímero
Pedro López Adorno (Puerto Rico / EE.UU.)

55
The Fish o la otra Oda para la Urna Griega
Essaú Landa (México)

56
Palabrero
Jesús Botaro (Venezuela / EE.UU.)

57
Murmullos del observador
Hector Geager (EE.UU. / República Dominicana)

58
El nuevo gusano saltarín
Isaac Goldemberg (Perú / EE.UU.)

59
Tazón de polvo
Alfredo Trejos (Costa Rica)

60
Si miento sobre el abismo / If I Lie About the Abyss
Mónica Zepeda (México)

61
Después de la lluvia
After the Rain
Yrene Santos (República Dominicana / EE.UU.)

62
De plomo y pólvora. Poesía de una mente bipolar
Of Lead and Gunpowder. Poetry of a Bipolar Mind
Jacqueline Loweree (México / EE.UU.)

*

**New Era:
Wild Museum Collection & Arts**
Featuring Contemporary Ibero American Artists

63
Espiga entre los dientes
Carlos Calero (Nicaragua / Costa Rica)
Cover Artist: Philipp Anaskin

64
El Rey de la Muerte
Hector Geager (EE.UU. / República Dominicana)
Cover Artist: Jhon Gray

65
Cielos que perduren
José Miguel Rodríguez Zamora (Costa Rica)
Cover Artist: Osvaldo Sequeira

66
Por el mar, con los monstruos de Ovidio a otra parte
Francisco Trejo (México)
Cover Artist: Jaime Vásquez

67
Los vínculos salvajes
Juan Carlos Olivas (Costa Rica)
Cover Artist: Jaime Vásquez

68
Una conversación pendiente
Unfinished Conversation
Juana Ramos (El Salvador / EE.UU.)

69
La quinta esquina del cuadrilátero
Paola Valverde Alier (Costa Rica / España)

70
El evangelio del dragón
Luis Rodríguez Romero (Costa Rica)

71
Un fragor de torres desgajadas
A Roar of Tumbling Towers
Miguel Falquez-Certain (Colombia / EE.UU.)

72
El ombligo de los pájaros
Francisco Gutiérrez (Costa Rica)

73
Apuntes para un náufrago
Paul Benavides (Costa Rica)

74
Me sobran noviembres
Osiris Mosquea (República Dominicana / EE.UU.)

75
El profundo abismo de mi sombra
Carlos Velásquez Torres (Colombia / EE.UU.)

76
Versus
Jorge Martín Blanco (Argentina)

77
Un niño que nació para ser río
A Child Born to Be a River
Dennis Ávila (Honduras / Costa Rica)

78
A la sombra de tus alas & siete parábolas
Gabriel Chávez Casazola (Bolivia)

79
Verás que somos islas
Hector Geager (EE.UU. / Rep. Dominicana)

80
El mar de las palabras
Ricardo Segura Amador (Costa Rica)

81
Aljaba del asombro
José Alfredo Pérez Alencar (Perú / Bolivia)

POETRY
COLLECTIONS

ADJOINING WALL
PARED CONTIGUA
Spaniard Poetry
Homage to María Victoria Atencia (Spain)

BARRACKS
CUARTEL
Poetry Awards
Homage to Clemencia Tariffa (Colombia)

BORDERLAND / *FRONTERA*
Hybrid Poetry
(Spanish - English)
Homage to Gloria Anzaldúa
(U.S.A Chicana Author)

CROSSING WATERS
CRUZANDO EL AGUA
Poetry in Translation (English to Spanish)
Homage to Sylvia Plath (United States)

DREAM EVE
VÍSPERA DEL SUEÑO
Hispanic American Poetry in USA
Homage to Aida Cartagena Portalatín (Dominican Republic)

FEVERISH MEMORY
MEMORIA DE LA FIEBRE
Feminist Poetry
Homage to Carilda Oliver Labra (Cuba)

FIRE'S JOURNEY
TRÁNSITO DE FUEGO
Central American and Mexican Poetry
Homage to Eunice Odio (Costa Rica)

INTO MY GARDEN
English Poetry
Homage to Emily Dickinson (United States)

I SURVIVE
SOBREVIVO
Social Poetry
Homage to Claribel Alegría (Nicaragua)

LIPS ON FIRE
LABIOS EN LLAMAS
Opera Prima
Homage to Lydia Dávila (Ecuador)

LIVE FIRE
VIVO FUEGO
Essential Ibero American Poetry
Homage to Concha Urquiza (Mexico)

REVERSE KINGDOM
REINO DEL REVÉS
Children's Poetry
Homage to María Elena Walsh (Argentina)

STONE OF MADNESS
PIEDRA DE LA LOCURA
Personal Anthologies
Homage to Alejandra Pizarnik (Argentina)

TWENTY FURROWS
VEINTE SURCOS
Collective Works
Homage to Julia de Burgos (Puerto Rico)

VOICES PROJECT
PROYECTO VOCES
María Farazdel (Palitachi) (Dominican Republic)

WILD PAPERS
PAPELES SALVAJES
Latin American Poetry
Homage to Marosa Di Giorgio (Uruguay)

WILD MUSEUM
MUSEO SALVAJE
Latin American Poetry
Homage to Olga Orozco (Argentina)

INTERNATIONAL POETRY AWARD
PREMIO INTERNACIONAL DE POESÍA NYPP
Award Winning Authors
Homage to Feature Master Poets

OTHER COLLECTIONS

Fiction
INCENDIARY
INCENDIARIO
Homage to Beatriz Guido (Argentina)

Children's Fiction
KNITTING THE ROUND
TEJER LA RONDA
Homage to Gabriela Mistral (Chile)

Drama
MOVING
MUDANZA
Homage to Elena Garro (Mexico)

Essay
SOUTH
SUR
Homage to Victoria Ocampo (Argentina)

Non-Fiction/Other Discourses
BREAK-UP
DESARTICULACIONES
Homage to Sylvia Molloy (Argentina)

For those who like Olga Orozco believe that "a word on the back of the world allows the enemy to advance," and who like her recognize that "half of desire is barely that, half of love is only a measure," this book was published in Manhattan on January 2026, as part of the Wild Museum Collection by *Nueva York Poetry Press*, in homage to her voice.

www.ingramcontent.com/pod-product-compliance
Lightning Source LLC
Chambersburg PA
CBHW021859230426
43671CB00006B/458